ママの笑顔で
子どもは元気

加納 美智子
寺本 純子

はじめに

加納 美智子

私は20代の頃、自分で岐阜に幼稚園を作り、保育士、園長として働き始めました。50年間、たくさんの子どもたちと出会いました。私が子どもたちから教えてもらったこと、それは子どもを信じて、愛して育てることが、大人になるための根っこ(土台の部分)には、とても必要だということです。

子どもは大人の姿を見て育ちます。今、その大人たちを見ていると、少し忙しすぎるのではと感じることがあります。仕事、家庭、子育ての理想的なバランスを求めるあまりに、効率を求めすぎてしまっていたり。インターネットで調べることも一つの情報ですが、書かれている言葉だけを頼りにするあまり、逆に自分なりの子育てができずに悩んでしまう人が多いように思います。

「忙しい」という字は、「心を亡くす」と書きます。大人たちの心が、そうなっていたら、とても残念なことです。

この本の第1章では、若いお母さんが子育てに悩んだときにどんな考え方をしたら良いのか、育てる楽しみ、子どもの成長する様子が楽しくなるようにと、私が50年の教育経験のなかでわかったことをお話ししました。

第2章は、私のゆずり葉である長女・純子が、認定こども園副園長として、日々、お母さんたちと話していること、子どもたちの様子を「子育てエッセンス」として書きました。

第3章は、これからの幼稚園・保育園が担うべき役割について述べました。

この本を手に取っていただいて、「あー、そうだった」「大切なことを忘れていた」「子どもってこんなに可愛い」「ひと休み、ゆったりすることで見えてくることがたくさんあるんだ」と気づいてもらえると嬉しいです。

あなたの愛が、子どもの「生きる力」を強くしていきます。

もくじ

第1章
子どもと暮らす365日

加納 美智子

はじまりのおはなし

私は昭和16年3月に、岐阜に生まれました。父は県庁勤めをして、家族のために誠実に働いていた人です。母は産後の肥立ちが悪く、私を産んで間もなく亡くなりました。

私は祖母の手で育てられました。昭和16年は太平洋戦争が始まった年です。戦時下で食糧が乏しく、贅沢は敵であると、一般家庭の生活にも統制が厳しくなりました。

母乳を与えることができない祖母は、配給米を粉にしてドロドロに煮て、赤ん坊の私に飲ませてくれていたそうです。あるとき、祖母が配給の牛乳を落としてしまいました。「自分が栄養をつけないと、この子は育てられない」と、私をおぶったまま水溜りに落ちた牛乳を手ですくって飲んだというのです。その話は従姉から聞きました。それほどまでして、私を育ててくれたことを、言葉に出せば涙があふれ出てくるので、70歳を過ぎるまで誰にも話せませんでした。

月日が経ち、私は高校を卒業したときに、刑務官になりたいと思いました。今から思えばたいへんおごった心からですが、自分のことだけでくよくよして、自分のことだけを解決して生きていくというよりは、困っている人がいたら力になってあげたいと。それは幼少期の頃の苦労があったからだと思います。何か役に立ちたいと、笠松の女子刑務所の刑務官の試験を受けましたが、結果は不合格でした。

そして、私は聾学校に勤めることになりました。

岐阜市の加納に、県立岐阜聾学校と寄宿舎があります。母親は耳の聞こえない子を宿舎に残して、自分だけ自宅に戻ります。3歳の子が、しばらく椅子に腰を下ろして、窓の外を見ていました。私には想像もできない心細さがあるのだろう。「母と別れて一人、聾学校の宿舎で暮らしている子たちの母親になってあげたい」と思いました。しかし、その学校で教員をしていた主人と出会い、私は19歳で結婚。21歳で長男が生まれました。上の子が6歳で小学校に行く頃、下の子が生まれたので、二人の子育てをしながら仕事をしていました。あの頃は24時間働きづめで、くたびれて眠るだけでした。

育児の相談をする相手もなく、私自身の子育ては、これでいいのだろうかと、悩みの連続でした。

そのとき手に取ったシュタイナーの本が私に自信をくれました。そこには「人間は進化するもの」と書いてありました。

悩むことで自分が成長することに、私は惜しまずに向き合っていきました。

長年、子どもと向き合うことで、人として大切なことは何かが、素直にわかるようになってきました。

子どもたちの未来が輝くためには、大人のありようから見つめ直していきたい、そう考えて書いたのが、この本です。

どんな状況でも、学び学べ

初めての男の子の子育てに、私は心配事だらけ。育児書をむさぼり読みすぎて、「お母さん、そんなに神経質ならんでええから」と小児科医から心配されたこともありました。

可愛がりすぎて過保護になることを避けたい、きちんと良い人間に育てたい。そんな思いから長男が1歳になったとき、子どもに関わる仕事をしたいと考えるようになりました。そこで、幼稚園教諭の資格が取れる愛知県の大学に通うことにしました。当時、岐阜県には幼稚園教諭の資格が取れる大学がなかったのです。

幼稚園教諭の資格を取得した年、岐阜市に初めて公立の乳幼児保育園ができ、息子を預けました。「5時までにお迎えに来てください」と言われて、必死に迎えに行くと「加納さん、遅いですよ」と保育士さんに怒られる。息子は、園庭の砂場で砂にまみれて鼻水垂らして泣いている。その姿を見て、これではいけないと思い、それから子どもと一緒に通える私立の幼稚園に勤務することになりました。

市営のアパートで子どもを育てるより、私は広いところで子どもを育てたいと思うようになりました。周りの人に相談したら、トントン拍子に話が進み、岐阜に空き寺が見つかりました。

主人は猛反対。主人を何とか説きふせて、昭和42年の春に空き寺に住まいを移しました。お寺の仕事はいろいろありましたが檀家さんとのつながりや、お寺の行事が新鮮であり、広々とした空間の中での子育てや、空き寺での家族揃っての暮らしは、とても楽しかったです。

空き寺に入って二人目の子どもが生まれました。

友人が本山に研修に行きませんか？と誘ってくれました。何でも学びたい私はぜひお願いしますと参加しました。

本山での研修は学びの連続でした。掃除をしていても、一生懸命にやればば和尚さんは叱らないのです。ものすごい勢いで怒られている人がいたので、私はびっくりして何だろうと思ったら、不真面目にやっていたのです。

食事は一列にまっすぐに並んで、お膳の前に正座をしていただくのですが、和尚さんは遅い人にあわせて、その人が食べおわったと思ったら自分も箸をおく。これは見習うべきだと思いました。

保育資格を取っただけで何も知らない自分を恥ずかしく思いました。もっと学んで、働くお母さんも、専業主婦でも、安心して子どもを通わせることができる幼稚園を作りたい、と思うようになったのです。

子どもが育つ環境

ドイツのシュタイナー幼稚園を訪問したときのことです。しずかで、子どもたちはもくもくと自分の遊びに集中していました。

日本の幼稚園というのは、子どもたちが元気で、賑やかですが、保育士が指示をするときには、大きな声を出さないと聞こえないほどの騒々しさだったわけです。もちろん、子どもたちは元気がいちばん。でも、元気というのは、大声を張り上げて、飛び回っていることだけではありません。

子どもたちには、しずかに集中する元気な姿もあるのです。

「今日はお客さまが幼稚園にいらっしゃるので、ドイツケーキを作っています」とおっしゃる先生の傍らで、お手伝いをしているドイツの子どもたちの姿はとても家庭的でした。

しずかなのですが、愛のあるあたたかい雰囲気のなかで過ごしている母親と子どものような雰囲気がありました。

シュタイナー教育の基本は「子どもを取り巻く人的、物的すべてにおいて、安心、安全で豊かな環境を用意すること」です。その環境の中で幼児期の子どもは意志を育てます。

私が目指す幼稚園は、これだと思いました。

そう、心に決めて、岐阜に戻りました。

幼稚園ってなんだろう？

私が自分に課した問いかけは、「幼稚園ってなんだろう？　どのようにしたら人間らしく育つのだろうか」。

7歳までの子どもはすべて〝模倣〟をして育つので、周りの大人は、行いも、心も磨いていくことが大切です。つまり「大人の自己教育」ですね。

幼児期は知的な教育をするより、その子が一生にわたって力強く生きる力を育てる時期です。

人間的な心身のふれあいによって、ゆっくりと成長していくと考えられます。

0歳から7歳までの大事な時期、子どもの心と身体がバランスよく育つ環境を提供したい。それが、私が幼稚園を作った動機です。幼児期の子どもには、受動的なものでなく、自分が興味を持って体験できる、そのような遊びを楽しんで欲しいと思います。

幼稚園では、必ずしも必要ではないものは取り除いていきました。

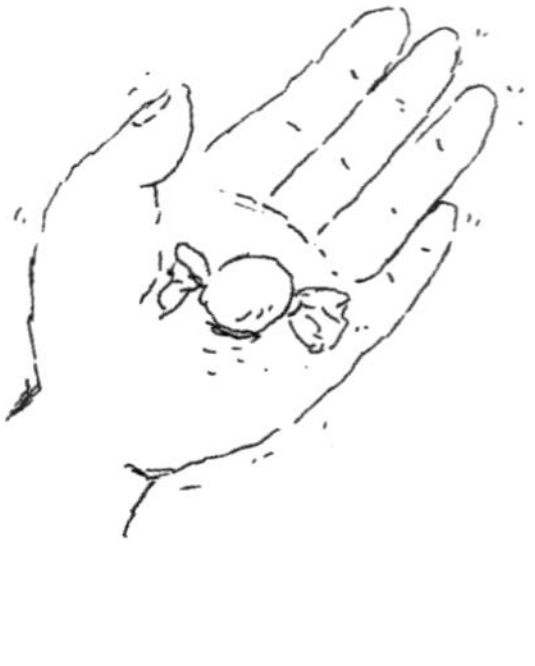

大声を出して子どもに話しかけるのをやめる

大人のペースで早口に声高に話しかけていないだろうか？　子どもは、内容そのものはわからなくても、話し方や口調で、どういうことなのかを敏感に察知するものです。

子どもの聴覚は大人のレベルとは違います。ちょっとした周りの声にも敏感に反応します。

大きな音を立てて階段や廊下を歩いたり、大声になったりすると、子どもたちの耳には、想像以上に大音量で響いているのです。子どもと会話するときは、耳元でささやく程度で十分。ゆったりと、小声で話しかけることを徹底しました。そうしたら、子どもたちは、とても落ち着いた反応をしてくれます。

機械音を使わない

刺激的な音で子どもを驚かすのは良くないですね。子どもらしい素朴な遊び、想像の世界で楽しんでいるときに、警告音やブザーを鳴らしたら、夢中で遊んでいた心がびっくりしてしまいます。

機械音は一切、排除しました。唯一、マイクを使うのは避難訓練のときだけです。外での行事も最小限に使用。お片づけのとき、チャイム音、レコード曲を使わないで先生が歌を歌います。これは、レ・ミ・ソ・ラ・シで構成されるメロディー。ペンタトニックと呼ばれる音階の曲です。「かごめかごめ」「ひらいたひらいた」の歌と似ています。

ゆっくり、子ども一人ひとりのペースでお片づけに集中できるのは、チャイムで仕切らないおかげです。

見せるための発表会はやめる

鼓笛演奏は人気がありました。きっかけは、みんなで演奏することを楽しもうと始めたのですが、鼓笛演奏を見せなくてはいけないと思うと、先生にも子どもたちにも力が入りすぎて、負担がかかることに気づきました。鼓笛はきっぱり、やめました。

運動会も見直しました。なぜ、運動会はダメなのか。競争して、誰が勝ったかという見方になりがちだからです。

さて、「運動会」に代わるネーミングは、先生方と一緒に考えて、「お日様親子のスキンシップデー」にしました。

子どもの発達はそれぞれ速度が違います。「あの子はできるけど、自分にはできない」という気持ちを芽生えさせるものは良くありません。

常日頃から、一人ひとりが素晴らしいと思えることが一番です。

しずかな幼稚園

幼稚園では、先生が子どもの前で話しかけるときも、しずかな声で、語りかけます。子どもが喧嘩しても、大きな声を出すこともありません。見学に来られた方が、「ここは日本一しずかな幼稚園」と表現してくださいました。

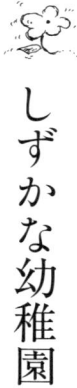

聞いてほしいことは特に、しずかに語りかけるのです。そういう言葉は、大人でも、子どもでも真摯に聞くように体が自然となっているのです。

幼稚園では、おもいきり遊んだあと、先生の小さな歌声で子どもたちにお片づけの流れを作ります。子どもの耳に、体に、すーっと入っていく歌を選んでいます。

子どもたちも自然と歌をくちずさみながら、小さな手で、どんぐり、まつぼっくりなどの木の実、羊毛ボールなどをきちんとわけて、それぞれの決まった棚に収めていきます。きれいに整っていること、整理整頓されていることが心地よいことを、感覚を働かせて体がおぼえていくのです。

しずかな状況というのは、まわりにすごく注意を払うことができる。心が落ち着く。我慢する力も備えていきます。

小さな子は言葉で理解するのではなく、大人がお手本として、心を込めてよい態度を見せていくのが重要なのです。

折り合いという知恵を

かかみがはら幼稚園では、文字を教えていません。幼児期には知的教育よりも、体験によって心を育むことが大切だからです。

小学校に上がると、みんな字が書けて、小学校の先生も字が書けると思っているので、お母さんたちも不安になります。

「お母さん、心配しないで。先生のお話をしっかり聞く耳と集中力が備わっているので大丈夫ですよ」「夏休みまでは大変かもしれませんが、お母さんが一緒に関わって、宿題一つにしても楽しんでください」とお話をします。

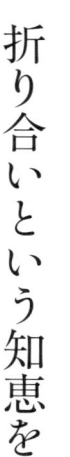

園の月1回の「仲良しタイム」では、手作りでお菓子を作っています。お母さん方には、「家庭でも、できるだけ添加物のないお菓子を子どもに作ってくださいね」と言っていますが、小学校に入るとお誕生会、子ども会と、添加物入りのお菓子が出てきます。

どうしたらいいのでしょう。

「『添加物のお菓子は食べてはいけない』とママに言われている」と子どもが言ってしまうと、母親同士、子ども同士の関係が良好にいかなくなることもあります。

私でしたら、「お母さんは添加物入りのお菓子は、体に良くないので家では買わないけれども、お友達の家に招かれて出されたら食べてもいいのよ」と、説明します。

お友達が遊びに来たら「農薬や添加物が少ない方が体にはいいのよ」と話して、手作りのおやつを出してあげるのも一つの手ですね。案外、それがきっかけで、お友達が家に帰って、ママに「作って」となるかもしれません。
折り合いをつけていくことが大事です。

憧れる気持ち

年少さん、年中さん、年長さんとクラスをわけている園もありますが、かかみがはら幼稚園では異年齢のたて割りクラスです。子どもの成長のためには、異年齢の中での育ちあいが必要だと思ったのです。

たて割保育をはじめた当初は、保護者から反対の声がありました。「何を基準にして子どもを指導してもらえるのですか？」と言うのですね。同年齢の並びですと、発達の度合いがわかりやすい。この子はこういうところが足りていないとか比べることもできる。

お母さんの気持ちとしては、「年長さんもいる、年中さんもいる、年少さんもいるというなかで、自分の子どもはどう成長できるのだろうか」です。

「年少さんの方が先生たちの目がいくから、年長さんは我慢しなくてはならないのでは」

「年中さんは上と下に挟まれて、我慢をしなくてはならない、それはかわいそうじゃない？」

「年少さんにとっては、遊びたいおもちゃを貸してもらえないのではないか……」と不安は増すばかり。

それもふくめて全部、子どもにとっての学びです。


子どもは模倣で育つ、それが基本です。異年齢のなかで、それぞれの個を大切にしながら、見守って育てるのです。

年長さんは下の子に優しくしてあげたくなる。服の着替えを年長さんが手伝ってくれる。年少さんは、このお姉ちゃん、このお兄ちゃんのようになりたいと憧れていくのです。下の子は、上の子がいろいろなことをしてくれるのを全感覚で吸収し、自分もやりたいという気持ちが芽生えてくるのです。

そして、上の子は大きくなったことを誇りに思い、自分がしてもらって嬉しかったことを下の子にしてあげたくなります。真ん中は上と下に挟まれて、たいへんな面もありますが、自分のやりたい遊びを広げてやっていく時期でもあります。

食育・農育プログラム「こびとの農園」

かかみがはら幼稚園では、平成元年より生きる源となる食育に力を入れています。幼稚園内に、450平方メートル以上ある「こびとの農園」。無農薬、無化学肥料の自然な状態での栽培に取り組み、子どもたちが毎日食べるお昼ご飯に積極的に取り入れています。

生活習慣病の原因となる動物性蛋白質、脂肪は控え、穀物（白米、玄米、雑穀など）や季節の野菜を中心に、海藻、豆類、小魚といった昔ながらの日本の食材、調理法を使った食事をとります。

輸入品に頼らず、自分たちが住んでいる土地で育った旬のものを食べることで、体調を整えエネルギーをもらえます。

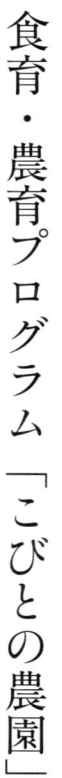

もちろん、添加物や化学調味料などは極力使用せず、かつお節や昆布などの天然だしを使うことで自然な味覚を育てます。塩や砂糖も未精製のミネラル分を多く含む自然海塩と三温糖など、国産のものを仕入れて使用します。水はすべて浄水器を通し、栄養価の流失の少ない調理法を工夫、心がけています。

食育からさらに踏み込んで、農育ということで、子どもたちや、その保護者の方を巻き込んで、畑仕事にも取り組んでいます。

種まきから収穫、そしてそれがお昼ご飯として出されるまでの一連の流れを体験することで、命のつながりを感じ取り、自然に対する畏敬の念を育みます。

お母さんの中には、菜の花の種を初めて見て、採取する方法を体験したり、枝豆が大豆になる様子を初めて見る方も多くなり、大人にとっても改めて体験する機会を持つことの大切さを感じます。子育ては、何人兄弟がいても一人ひとりが違って一人ひとり様々なことをしますが、そのときどきに初めての体験をすることを親は受け入れ、対処する力が必要ですよね。その意味でも農業体験はいろいろな力をつける〝機会〟だと思っています。

一年を通して季節ごとの野菜の種まきから、苗植え、水やり、草取り、堆肥、種取りなどみんなで協力して作業をします。

毎年の収穫祭では「こびとの農園」で採れたさつま芋の焼き芋、採れたての野菜を使って、保護者の方にも腕をふるっていただいて、ご飯作りを行っています。

四季折々の農園活動を通して、みんなで力を合わせて育てた野菜の味は格別！　子どもたちの野菜嫌いも少なくなります。

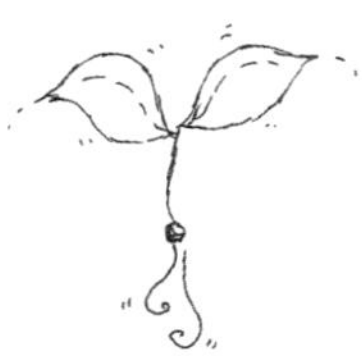

子どものお手本は大人

子どもが育つ環境、親がどう育てているかの違いはあっても、子どもに必要なことは、昔も今も、大きくは変わらないのです。

とても基本的なことですが、日々の暮らしのなかで、大人たちに気を使ってほしいことがあります。

1つ。

大人の都合で、夜は子どもをあまり連れて歩かないように。

＊子どもは10時間の睡眠が必要です。体が成長するために必要なプロセスがあることを理解しましょう。

2つ。

約束したら、かならず守ってほしい。

＊忙しい毎日、ついつい「あとで、おはなしを聞くからね」と言ってしまうことも。用事がすんだら、「なんだった？」と聞くこと。

3つ。

子どもの近くで大人同士の話に夢中にならないこと。

＊親同士が、園の駐車場で話している光景をよく見かけます。子どもたちは、内容そのものはわからなくても、話し方の速さや口調で、どういうことか敏感に察します。もし、話をしたければ、朝に「きょうはランチしませんか」と連絡しあって、園への送迎の際はちゃんと子どもを見てください。

4つ。
比較はぜったいにしないこと。
　＊隣の芝生は青く見えるものでしょうけれども、自分の子どもを信じてください。

大人の何気ない行動、言葉が知らず知らずのうちに、子どもたちに大きな影響を与えています。子どもは大人をじっと見ています。

まずは、大人の自己教育から。

生活リズムがつくと、子どもは安心する

子どもと外出から戻ったら、バタバタと家の仕事を始めるのではなく、ひと息入れて一緒にゆっくりする時間を用意しましょう。お茶を飲んでお菓子を食べるのもいいですが、できれば、子どもをそっとひざの上に抱き寄せてみてください。不思議と、子どもも大人も気持ちが安定していきます。

朝の子どもは、まだ夢の中にいるような状態です。大人のほうは大忙し。ついつい「早くして！」と急《せ》かしたくなりますが、そこはぐっと我慢です。子どもの意識がゆっくりと目覚めるように、室内遊びやスキンシップで、しずかに心落ち着く時間を作りましょう。

昼間は、いちばん活動的になれる時間です。自然の中、公園でおもいっきり遊べば、四季を感じ取る豊かな感性も育ちます。体を使って遊べば身体感覚やバランス感覚、冒険心も育まれますね。道すがら、タンポポなど、季節の花を摘んで帰り、部屋に飾るのもおすすめです。

夕食の支度時、後片付けの間など、テレビやビデオを見て子どもが待っているよりも、子どものできるところからお手伝いさせてあげましょう。そのとき、子どものやる気が出るような言葉がけを心がけて。そうすると、子どもは充実感を持って快く眠れます。

お母さんがゆったりとしたリズムを上手に用意してあげましょう。

大事なことは、一日の中で、程よくメリハリがあることです。

お母さん、もっと楽しんで

子どもにとって家庭が一番大事だと私は思うのですが、同じぐらい、お母さん自身の幸福感が子どもにも良い影響を与えていくと思います。

家事もきっちり、仕事もきっちりやらなくてはいけないと、すべて万全にこなそうとすれば、大変です。

私もずっと子育てをしながら仕事をしてきました。時間に追われて、ゆとりがなくなり、少しギスギスしてしまうこともありました。

そのとき、自分の好きなこと、やりたいことをする時間を見つけてやり切ると、なんて気持ちのよいことでしょう。読書でもいい、刺繍でもいい、忙しい生活のなかでも、自分のリズムを刻んで楽しめるように持っていけば快適になるわけです。

お母さんが幸せそうに、くつろいでいると、子どもの心はとても安定します。

私はこの年齢になって、少しゆとりができてきたので、陶芸を始めました。お茶碗は簡単に出来上がりそうに見えますが、どれだけお日様に当てたら削りやすいとか、硬くなったときは濡れた布巾をかけて柔らかくするなど、自分でやってみて、いろいろ加減がわかってくるのが楽しいです。子どもたちのためにお茶碗を作って、絵付けをして、お昼のご飯を盛り付けたらどんなに喜ぶだろうかと考えるだけで幸せ感がいっぱいです。

お母さんが心地よいものを見つけてやっていくと、どこかで、家庭の中にいい芽が出てくるものです。

幅の持ちよう

一人ひとりの子どもから「こっちを向いて」とサインが来たときには、きちんとその子を見てあげることです。

イライラして、子どもに「もう、泣くのはやめて！」と言っても、泣くのは子どもの衝動ですから泣き止まない。「お漏らししないで！」と言っても、排泄に失敗することを止める手立てにはならないですね。

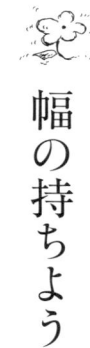

そこでは自分が変わらないといけないのです。

それは、大人対大人も同じ。「その態度を変えてよ、そうでないと私が困るから」という態度で相手に接していても解決はしません。相手の気持ちを理解しようとすることから、糸口が見えてくる。その部分は仕方がないよね、甘えさせてあげようとか、そういうふうに自分の考えを変えていくことが大事です。

私は仕事をして、保育の勉強に大学に通って学んで、子育てをしてという日々で、フル回転でしたが、日曜日だけは何もしないで家族と過ごすことに決めていました。

遊園地に遊びに行かなくても、子どもが近くにいるだけですごくエネルギーをもらえる。お母さんが近くにいるだけで、子どもはニコニコして喜んでくれるから、もっともっと嬉しい。お母さんが嬉しそうだと、子どもはとても満足なのです。どんぐりを拾ったりするのも子どもと一緒になってやってみると、意外と楽しいものです。

子どもと信頼し合える関係になるためには、頭で考えるより、心を磨くこと。仕事の中でも自分の充実感を得られると思うのですけれども、働いているにしろ、働いていないにしろ、お母さんの心の持ちようみたいなものが、ものすごく子どもに影響することを知っていてほしいと思います。

種のおはなし

こびとの農園では、かぼちゃ、イチゴ、さやえんどう、さといも、だいこん、とうがん、菜の花、じゃがいもなど、種や苗から育てています。

自分の手で種をまき、水をやり、芽が出てくると子どもたちは大喜びです。先生が一緒に土をいじりながら、野菜の育ちについてお話をするのは、子どもにとっても楽しい時間です。

丁寧に育てた野菜の味は抜群。園のおやつタイムに、みんなでいただきます。育てた野菜を食べて「おいしい！」と子どもたちが喜ぶと、私も嬉しくなります。かぼちゃは、種から育って、ほっくり甘い立派な大人の野菜になりました。

100人いれば、100通りの子どもがいます。かぼちゃの種を持つ子、にんじんの種を持つ子、同じ子どもでも、一人ひとり持っている種は違います。かぼちゃの種を持つ子にトマトになってほしいと思うのは、かわいそうなことです。

「あの子は足が速いから、うちの子はもっと速く走れるように」「あの子は運動能力があるのに、うちの子は絵を描いてばかり」という、比較はやめましょう。

子どもが安心して、成長できる環境を作るのが大人の役割。園でも、家庭でも、みんなで見守って、子どもの内側から出てくる力をまっすぐに伸ばしていくと、自ずとその子の持っている種は開きます。

「目溢《こぼ》し」

散歩に出るたびに、野の花を採ってきて、幼稚園の各クラスにいけています。

お母さんたちが幼稚園に集まるときは、私はテーブルにツユクサを飾ってツユクサのお茶を出しています。

「ツユクサは食べられると思わないでしょう。私はおひたしにして食べるのです」と話すと、お母さんたちはツユクサのお茶を味わいながら、ツユクサのおひたしの味を想像します。

「みなさん、ツユクサを摘んできて、食卓に出してくださいね」と言わなくても、お母さんはツユクサが咲いている頃になれば、ふっとツユクサのお茶を思い出し、興味を持って、子どもと一緒に摘んでみるでしょう。

先生たちが、野の花を飾るのを、時々忘れることがあります。

私は、何日も野の花が飾られていないクラスを見ても、頭ごなしに注意はしません。目に入っていても、あえて、一回こぼすのです。

「季節ごとに咲く花の力を子どもたちに見せてあげてください」と、つい言ってしまいそうになるのをぐっと我慢して、「野の花があるだけで、元気になるね」という言い方をします。

これは、私の「目溢《こぼ》し」加納流です。

一度、目で見て、あえてこぼして、「学ぶ」心がけを与えるのです。

失敗をした瞬間に怒られることが続くと、「あっ、失敗した、どうしよう」と萎縮してしまいますね。結果、それはさらなる失敗を招きます。

根拠なき自信

自己肯定感を持つことは、子どもにとっても、大人にとっても、いいことです。

例えば、「私は英語ができるから、自分はアメリカに行っても大丈夫」ではなく、「英語はできないけれども、アメリカに行ったらなんとかなる」というように。

自分はやり遂げることができるという自信を持てる人は強いです。

近ごろは、条件が整って必ずできるという前提に立たないと、動き出さない人が増えているように感じます。失敗するかもしれない、無理ですと、始める前から諦めてしまう。それは、どうしてなのでしょう。

大人たちから、これができたので褒められるという接し方を受けていると、もっと褒められたいから、失敗をしないように、相手が喜ぶように周囲に気をつかってしまう。

子どもは、丸ごと受け入れられる環境が必要なのだと思います。ありのままの自分をありのままに受け入れてもらっているなかで、自己肯定感が高くなる。自分が自分であっていいと、根っこが太くなるのです。かかみがはら幼稚園の子どもたちは、意志の力は強いと思います。「意志」というのは、～したいとか、～やりたいということではありません。やりたいと願ったことを必ずやり遂げること。

自分の可能性を夢見たり、憧れたり、やりたいと思ったことを行動に起こす前に自分はできないと線引きしてしまうのは、変化を恐れることにも繋がるでしょう。

根拠がない自信を持って欲しい。自信は人を大きく豊かにして、困難を乗り越えてやり抜いていく力になるのです。また、自分に自信がある人は、他者を認め大切にし、他者と共に生きていくことができるでしょう。

大切なことは、小さくて少ない

お母さんから、子どもの玩具について尋ねられることがあります。

園内の玩具・遊具は、自然素材のものです。

遊具も形の決まったもの、遊び方の決まっているものだけを与えてしまうと、ファンタジーの力が育たなくなってしまいます。子どもはメルヘンの世界に生きています。

積み木などの木のおもちゃ、クルミやドングリなどの木の実、布（シルク、綿など）や草木染めした毛糸で編んだ紐など、素朴なもので遊ぶとその安らぎの中で、子どもの心がすくすくと育っていくようになるのです。

手作りの人形や着せ替えの洋服などを用意してあげると、メルヘンの中の主人公になるなど、遊びが広がっていきます。

でも、どんなに自然素材のおもちゃに囲まれて遊んでも、本当に大切なところが満たされていなかったら、せっかくのおもちゃも意味がありません。

良いおもちゃを選んで、買ってあげることも愛情のひとつですが、そこだけにとらわれていると、お母さん自身も、大事なことがわからなくなってしまいます。

何も遊び道具がない家庭でも、家族がしっかりと子どもと向き合い、隣近所の人たちが、その子を包んでいれば、その子はすくすくと育っていきます。

子どもが0歳から7歳までの間、生活の中で基本的に「親に受け入れられている」「親がちゃんと見ているんだ」と感じられることが、しっかりとある人とない人では、その後の安定感が違ってきます。

言葉の力

昔から、「嘘を言うと閻魔《えんま》様に舌を抜かれる」とか「悪いことをしたら地獄へ行く」とか、よく聞いたものです。

戒めとして、親が子どもに言い伝えてきた言葉ですね。複雑多感な子どもの時期を横道にそれずに歩けるのも、言い伝えの力です。

私の幼児教育の方針は、「幼児期を正しく、あたたかな環境で包むこと」。決して揺るがない姿勢を通せるのは、私たちの園で一日の保育の終りに唱えるシュタイナーの「夕べの祈り」の力です。

夕べの祈り

美しいものに　感動します
真実のものを　大切にします
高貴なものを　尊敬します
善きものの側に　立ちます

そして人生の目標を目指して　歩き続けます
正しい行為を行ないます
感情に安らぎを与えます
思考に光を与えます

そして
すべてのものの中の
大宇宙の　そして私の魂の奥底の
神の働きを信じます

高橋 弘子『日本のシュタイナー幼稚園』（水声社）より

中に、「正しい行為を行ないます」という一節があります。私は「正しい行為というのはなんだろう?」と繰り返し考え続けてきました。

私が幼少期を過ごしたのは、戦後です。家の手伝い、兄弟姉妹の世話は、子どもたちの仕事でした。祖母は「お手伝いは、人のためにも、自分のためにもなる」と言っていました。

戦後70年あまり、ありとあらゆるものがあふれ、お金があれば、好きなものを手に入れることができるようになりました。人のことよりまず自分のこと、自己本位になりつつある世の中になってきて、「本当に幸せになれたのだろうか」と思います。むしろ、人と人との関係が希薄になり、生きづらくなっているような気もします。

正しいことは何か。いつも問いかけていくなかで「謙虚に自分の内面と向き合うこと」。そして「人と自分がいかに調和して、人の役に立っていくかということ」。

祖母の言葉が思い出されます。

「夕べの祈り」で私が好きな一節は、「美しいものに感動します」です。以前、空き寺に入り本山で修行を行なったとき、机が一列に整然と並ぶ一直線の美しさに感動したことを思い出します。

園では、歌の響きのなかでお片づけが行われます。整理整頓がゆっくりと自然に、心地よく、小さな手で片づけられていくのを見ていると、美しいと感じます。

そして、子どもたちに、シュタイナーの言葉の力から私が学んだことを果たすことができたと、安堵するのです。

自分の根を持つ

自分の落ち着く場所を持って、習慣的に自分を感じ取る時間が持てるようになると、アクシデントが起こっても、その状態を思い出して、平静な本来の自分を取り戻すことができるようになるものです。

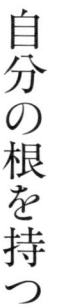

忙しい毎日、仕事に追われ、家事に追われ、急かされるように時間が過ぎていくと、心も体も疲労しますね。イライラしたり、相手の悪いところばかりが目についたり、なんで私ばかりがと思うようになったら、赤信号です。

そんなときは、友達と会う、日記を書く、手仕事をする、絵を描く、ピアノを弾くなど、自分の心が素直になれる、ゆったりとほぐれていく時間を持ちましょう。

自分の根っこに戻ることです。

本当に自分を取り戻し、自分というものをしっかりと持てる余裕が生まれたら、力が湧いてきます。そのとき、他の人のために力を与えることができるのです。

大切なのは、人の考えで満たされる、物事を感じる方法ではなく、本当に自分が自分だと感じる場所、時間、過ごし方を見つけることです。

そのことは自分自身にしかわからないことなのですから、しっかりと自分を見てあげましょう。

幼児期に感覚が育つ

新聞記事を読んではっとしました。あるおさるの赤ちゃんに、針金を巻いた哺乳瓶でミルクを飲ませ、もう片方のおさるの赤ちゃんには、柔らかい毛布で包んだ哺乳瓶でミルクを飲ませて育てたところ、針金を巻いた哺乳瓶でミルクを飲んでいたおさるの赤ちゃんは、衰弱してしまったということです。

哺乳類の成長には、食べるだけでなく、触覚で感じ取る柔らかさ、あたたかさが必要なのだと思いました。幼児期に、柔らかい肌に触れて、ほっとする感覚が育つことと健やかな成長は相関関係にあるように感じます。

「7歳までは母親の腕の中で育つ。あたたかい母の肌は栄養素」

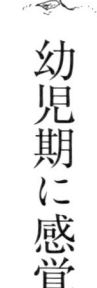

そう、私は思っています。

近年、子どもが小さくても仕事をされるお母さんが増えてきています。また、核家族化も進んできて、お母さんが一人で子育てをし、悩みや不安を抱え、ストレスを上手に解消できないまま子どもと過ごしていることもありますね。

もし、仕事のストレスを溜めたまま、子育ての悩みでイライラしたまま、まるで針金を巻いたような固い気持ちで、お母さんが、子どもに触れたら、子どもの触覚はどのように感じるのでしょう。

お母さんの心の動きは毎日違います。だからこそ、子どもと触れ合うときは、〝お母さんの腕の中は、ゆりかごのような場所なのだ〟と、感じられるようにしていくことが大事です。

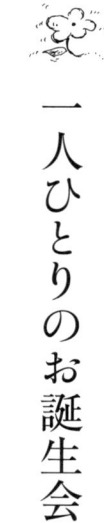

一人ひとりのお誕生会

みなさんは、お子さんとどんなお誕生日を迎えていますか？

園では、生まれ月別などではなく、一人ひとりのための、お誕生日のお祝いをしています。お母さんやお父さんも、楽しみにしていて、仕事や時間をやりくりして、一緒にお祝いをしています。とても嬉しい光景ですね。子どもの年齢の数だけロウソクを立て、生まれてきたことに感謝をしながら、生まれてきたときのこと、赤ちゃんだったときのことをお話しします。

お母さんは、お産のときのことを、ずっと覚えています。おばあちゃんになって、少しいろいろなことを忘れるようになってしまっても、自分の子どもを産んだときのことは、決して忘れないのですね。

子どもも、自分が生まれてきたときのことを聞くのが大好きです。

「妊娠中もお腹のわが子はかわいいなと感じていましたが、生まれてきて、その顔を見て、私や周りのお世話がないと生きていけないわが子を前にして、何があってもこの子を守ってあげたいと思いました。自分の命よりも大切な存在があるのだと思いました」

「初めての出産で未知の世界で色々と不安だったけれど、10か月間ずっと一緒だったから、私の気持ちがすべて伝わっているような気がして、陣痛中もずっとお腹の中にいるあーちゃんに話しかけていました。『お外の世界は楽しいよー』『早く会いたいよ』。あーちゃんに届いていたかな？　産声をあげたばかりのあーちゃんを抱きしめたときにあふれた涙、感情、今でもお風呂に入って裸で抱きしめると、あの幸せな出産を思い出します」

私が産んだという自信、自分の子どもを腕の中に初めて抱き入れた瞬間にあふれる喜びは、お母さんの宝物です。

子ども一人ひとり生まれ方は違います。予定より早く生まれる子もいれば、なかなか生まれない子もいます。産み方も自然分娩だったり、帝王切開だったり、いろいろです。だから、成長の段階で比較なんかしないで、そのまま受け止めればいいのです。

子どもは全力を振り絞って生まれてきました。

お母さんは命がけで、産んだのです。それは、かけがえのない自信です。お誕生日には、「生まれてきてくれてありがとう」、「産んでくれてありがとう」と一緒に喜んでください。

家族が仲よくいること

私が3歳、上の兄が7歳のとき、父が再婚をしています。私は、目の前にいる母が生みの母ではないことを知ったのは、小学4年生のときです。それまでは本当の母親だと思っていました。

私の下には3人の妹がいます。小学生になった私は、下の妹を背中におぶって、子守りをしながら、同級生の男の子たちと外でメンコをして遊ぶ活発な少女でした。祖父はとても厳しい人で、幼い兄が火鉢の火にあたりに行くと、キセルでポンと叩いて「あっちへ行け」と追い払うのです。

たばこの煙が子どもの体に良くないから、追い出そうとしたのかもしれませんが、追い払われた兄はしょんぼりしていました。

それを見ている母が何も言わなかったことが、ショックでした。

私が幼児教育の仕事を始めた頃に、母に尋ねました。

「なんで、お母さんのところにおいでと兄に言ってやれなかったの？」

「あのときは、どう接していいかわからなかった」と母は答えました。

母も嫁いできたばかりで、仕方がなかったのかもしれません。母は晩年、「たばこの煙が目に入ると痛いから、こっちにおいでと声をかける機転があればよかった、私は無口なもんでね」と、苦笑していました。

家族の中で遠慮がちにしている母の姿が、私と兄を寂しくさせたのです。

子どもは、自分とお母さん、自分とお父さん、自分の祖父母とで楽しくいられるのも、もちろん嬉しいのですが、家族同士が楽しくしている環境の中に自分がいることに、とても安心と幸せを感じます。

家族は仲よく、笑顔でいて。

大人たちへの想い

幼児教育の根幹とは、感性が育ち、人間としての基礎の部分を育てることです。

幼児期は、環境のすべてを吸収し学んでいきます。

私は「子どもを取り巻く大人、すべてが教師」と言っています。文部科学省の幼稚園教育要領に「物的環境」「人的環境」という言葉がありますが、後者の人的環境とは、まさに子どもを取り巻くすべての大人のことですね。子どもたちが育つためには「人」の環境を整えていくことが重要であるということです。

現在、日本では「地縁・血縁」が希薄となる傾向や、核家族化が進んでいることもあり、家訓、祖父母の教え、伝統行事などが継承されにくくなっています。「自由」という言葉を都合の良いように使いすぎて、社会性、協調性、規律といった人と人との関わりの基礎となる要が、人々の心の中に薄れてきているように思えます。

幼児期の子どもは、スポンジのように、良いものも、悪いものも、どんどん吸収していきます。

子どもは身近な人の模倣をして育ちます。大人がこうしなさいと指示するのではなく、こうなって欲しいという姿を大人自身が見せていくことが重要ですね。お互いに協力し合う、周りに対しての感謝の気持ちを育むことのできる中にいると、子どもも同じように育っていきます。

未来の担い手を育てるお母さんは、いつの時代でも最先端にいるということを自覚してくださいね。「未来を担う子どもたちへ」はすなわち「未来を担う大人たちへ」です。

第2章

ゆるりと育つ　親子で育つ

寺本 純子

「かかみがはら幼稚園」は、高山本線・各務ヶ原駅から車で10分ほどのところにあります。

園の敷地内には、山の斜面を利用した遊び場があります。春夏秋冬様々な木の実や花びらが楽しめ、子どもたちは〝お山〟と呼んで親しんでいます。園庭の横には、子どもたちが耕す畑があり、その裏には小さな雑木林があります。子どもたちは、小鳥のさえずりを聞いたり、空の雲を見上げたり、自然の中で外遊びを楽しみます。

岐阜産の木造の園舎内は、淡いピンク色、広々とした廊下、日差しが入る高い天井があり、子どもたちがあたたかなぬくもりに包まれて、ゆったりと遊べる空間があります。

お母さんたちは、「毎日の暮らしが忙しくて、時間に追われるように過ごしているので、ここのしずかな雰囲気に癒されます」と言われます。それを聞いて、私たちの仕事は、子どもだけでなく、お母さんにも上手に心のゆとりを作っていただけるようにすることが大事だと教えられました。そのことに気づいていただけるような取り組みが今後の課題でもあります。

登園時、子どもがまだまだお母さんと離れたくなくて泣いてしまうこともあります。お母さんは、仕事に行く時間が気にかかり焦りますが、お母さんには少しの時間、そばにいて、話しかけたり、抱きしめてあげたりして、スキンシップをしてもらいます。安心してぐずりも短くなります。この、ほんのひと呼吸を大人たちは忘れがちです。イライラして、早く早く！と言ってしまうその前に、子どもの顔をしっかり見て、お母さん自身の気持ちを落ち着かせてから、次の行動に移ってもらいたいものです。

子どもたちは、お母さんの表情、心の機微をじっくり見ています。朗らかな気持ちになって、話しかけることを心がけていくことで、子どもは嬉しい気持ちになるのです。

テレビ・ノーデー

園では、テレビ・ノーデーがあります。「1か月に1回はテレビ無しの生活をご家族揃ってしてくださいね」とお願いをしています。

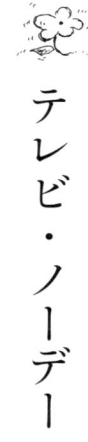

毎日テレビをつけるのが当たり前のことになっている家庭も少なくないでしょう。幼児期の子どもたちは、スポンジのように何もかも吸収していきますから、私たちの園では過度な刺激を与えないように、「環境」をとても大事にしています。

たまにはテレビを消してみると、刺激があるなかでは気づけなかったことに気づいたりします。子どもといっしょに洗濯物をたたんだり、子どもと散歩をしてみたりすると、こんなに成長したのねということが、見えてくるものです。

大人たちが、子どもよりも、刺激に麻痺していることがありますね。常に脳がバシバシと動いていて、脳が休むということが本当に少ないです。機嫌が悪い、食事を作るのも億劫、ついイライラしてしまうのは、もしかしたら、ゆったり脳を休ませていないことから引き起こされているのかもしれません。

「テレビに布をかぶせて、すぐに観られないようにしておくと、自然にテレビを観る時間もなくなりました」「テレビ・ノーデーの日は、幼稚園ごっこ、おままごと、水彩画遊びなどを一緒にして過ごしています」など、お母さんがそれぞれ工夫をしています。

大人になると、ゆったりするって、どういうことなのか、本当に忘れてしまいます。子どものペースに合わせて過ごすなかで、自分の子ども時代に過ごしていた時間の感覚を思い出せることもあるでしょう。心の中に、ほっこりとするものを感じながら、子どもと過ごす時間は宝物です。

子どもと一緒に過ごす時間だけは、大人もゆったりと。

ピンクのお部屋

園のお部屋の中はピンクの布でおままごと、積み木、布の部屋に仕切られています。

ピンクは柔らかい印象をうけますが、母の胎内の色の表現でもあります。この小さな空間で想像の世界を広げ、様々な工夫を凝らして遊んでいくのです。

室内で走り回る子はいません。もしご家庭で、落ち着きなく走り回って遊ぶようでしたら、落ち着いた空間と、想像をかき立てられる本物の玩具、そしてあたたかく見守る大人の存在が必要かもしれません。

おもちゃの重要性

園ではすべてのおもちゃが「本物のおもちゃ」です。本物のおもちゃとは、木など自然の中にあるものを使ったおもちゃのことです。

そこには何か理由があるのでしょうか？　まず、木製のおもちゃは色合いが優しくあたたかみがあります。木の素材によってはざらざらしていたり、ツルツルしていたりして、画一的ではありません。素朴で刺激的ではないので子どもたちが想像力を働かせて様々な遊びを工夫します。一つの木の積み木が、ご飯のおかずになったり、車の部品になったり、お皿になったり、ビー玉遊びのコースになったりします。このように本物素材のおもちゃには、子どもたちの創り出す「創造力」や、イメージする「想像力」を豊かに育む力があるのです。

それでは、創造力や想像力は、大人になってどのような力になるのでしょう？　これはまさに、自らの人生を切り開いていく力になります。新しい発想のなかで新しい商品を作り出したり、思ってもみなかった出来事に遭遇したとき、新しい道を切り開いていったり……。

夢をあきらめずに偉業をなし遂げた先人たちもこれらの想像力や創造力が豊かだったからではないでしょうか？　素朴でシンプルな本物のおもちゃで工夫して遊ぶことによって、子どもたちは生きていくうえで大切な力を身につけていくのですね。

時を待つこと

これまで何度か出てきましたが、週一度、園内にある「こびとの農園」に出掛けます。収穫体験だけでなく、苗植えをしたり、小麦の麦踏みや手作業の脱穀、小豆の鞘《さや》取りなど、作物の成長の過程を見ながら、様々な体験をしています。

春には、おひたしになる菜花を収穫しますが、農園担当の先生が、「お花になっていないのが柔らかいよ」と教えてくれると、目を輝かせて、「いっぱい、お花じゃないの採れたよ」と、根気よく見つけて採ってくれます。このようなときにも子どもの集中力にびっくりしたり、お手伝いできて嬉しい気持ちになっている子どもたちの笑顔に癒されます。

ところで、作物の成長は、子どもの成長に通じるところがあります。小さな種が、様々な自然の力を借りて、時が来ると芽が出て葉や茎が育ち、実る。時が来るのを待って初めて実が実るのです。またお日様も雨も肥料も多すぎても上手く育ちません。時を待つということは、子育てにおいても大変忍耐がいることですが、過ぎてみれば、あっという間であることが多いので、焦らず今を楽しみたいものです。

今この一瞬は二度と戻らないのですから、今このときに、幸せを感じたいですね。

水彩画遊び

園での水彩画遊びは、赤・黄・青の3色。画用紙を水に十分にぬらして、そこに色を落としていきます。「にじみ絵」と呼ぶ描き方です。

ぬらした紙に好きな色を落とすと、ぱあーっと色が広がります。そこに、別の色を落とすと、新たな色彩がにじんで広がっていきます。「たまたま横に置いてみたらいろんな色ができた！」「赤と青が出会ったら何色になるの？」と、子どもたちは、自分たちで色の世界を広げていくのですね。色が広がると、不思議と心も開放されていくようです。

園では、色を決めたり、テーマを与えたりということはせずに、子どもたちが好きなように、水彩の遊びをしています。画一的な仕上がりを期待するのとは正反対のお絵描きですが、子どもの感性を自由に色で表現して、「色の体験」をしていくことが目的です。

そばで見ていると、楽しかった出来事を思い出し、お話ししながら色を重ねていく子どもや、黙々と描きながら、夢見るような表情で描く子など様々です。色との対話によって子どもたちは内面の感情を開放しながら「色」の持つ「質」を感じ取っていくのです。

子どもたちが選ぶ色は、そのときの気持ちだったり、その子の持っている気質を表わしていることもあります。「心が落ち着いていないな」「すごく楽しそうだね」ということが、描く色の様子などで見えてきますね。

そのうちに自分の気持ちを色に託すということを感じ取って、もっと自由な表現になっていきます。描くことは、とっても能動的なこと。好きに描いてもらって、わあーっ楽しかったということをしっかり感じとって欲しいのです。

織物を作る

園では年に一回、保護者の方、興味のある方に参加していただいて「染物の会」を行っています。よもぎ、玉ねぎから草木染めした毛糸の数々はため息が出るほど美しいです。春の色、秋の色、芽吹きを思わせる色、里山の風景から切り取ってきたかのような感じがします。

お母さん、祖父母の方々が草木染めした毛糸を使って、年長さんが織機で織物を作ります。木製の織り機に、縦糸を張り、横糸を縦糸に対して上下に重ねていって、織っていきます。淡々と繰り返す作業リズムが心地よいのでしょう。すごく頑張ってやる子もいます。なかなか進まなくてという子もいるのですが、ゆっくり自分のペースで1枚は完成できるように、保育士の先生が見守ります。1段織れば1段やっただけの結果が見られるのと、1本の毛糸が終わり、次の毛糸にするときに「何色にしようかな」と選ぶのも楽しいようです。

色を重ねあわせていくなかで、一人ひとりの個性あふれる織物が仕上がります。

織りあがった布は、先生が3つ折りにして、端をかがって、ボタンをつけ、毛糸で鎖編みをした紐をつけます。「あ、ポシェット！」と大喜び。とてもうれしい光景です。どの子も宝物として大事にしていて、「タイムカプセル」の中に入れている子もいます。幼稚園時代を懐かしく思い出し、20歳になった日に織物のポシェットを大事に持って帰って行きました。自然の恵み、いのちあるものが作り出す染色の世界にひきこまれて、染色家を目指して勉強を続けている卒園生もいます。幼児期に体験したことが糧になったことは喜ばしく、今後も見守っていけると良いなと思っています。

子どものご飯

園の昼ご飯は、手作りの和食中心の自然食。基本はご飯、お味噌汁、野菜。添加物のない調味料や農園の無農薬野菜を食材に、減農薬米や雑穀入り米が主食です。日本人は米を食べてきたのですが、朝はパン、昼もパンと米を食べる機会が減ってしまいましたね。野菜は地元のもの、自分たちが暮らしている土地のものは、エネルギーがあって、滋養になるといわれていま す。

小さな子どもへのご飯でいちばん大事にしているのは、食材そのもののの安全と健康に良いものです。

子どもの胃腸はまだ大人のようには出来上がっていないので消化するの

が大変なのですね。ですから油脂を控え、薄味のものを心がけています。園の庭に続いている「こびとの農園」で、子どもたちが種から育てて、自分で収穫した野菜を昼ご飯に出しています。野菜がどうしても食べられない子でも、農園から摘んできた野菜なら食べる意欲が湧いてくるようです。

さやえんどうを「うわぁ、美味しそう！」と、ぱくっと食べるのは、お友達と楽しく収穫した体験や、１個のさやえんどうができるまでに、長い期間がかかっていることを、子どもたちも感じているからなのかなと思います。大きなさやえんどうもあれば小さいさやえんどうもある。みんなそれぞれ形が違う。それが自然というのを知っていますね。さやえんどうの、ちょっと青臭い味や匂いに慣れていったり、いろいろな味が野菜にはあることを味覚で覚えていく機会にもなっています。

「幼稚園のご飯のように作ってね！」と子どもに頼まれたお母さんから、レシピを聞かれることがあります。手軽にできるので、子どもと一緒に作れます。ぜひ、家庭でも作って味わってみてくださいね。

【甘辛煮干し】

材料　食べる煮干し・すりごま・しょうゆ・砂糖

作り方

①煮干しを鍋に入れ、水を入れる。
（このとき、煮干しが全部つからない程度）

②煮干しと水の入った鍋に砂糖としょうゆを入れ、
1分くらいサッと煮る。

③火を消し、すりごまをからめて、少しおいて、出来上がり。

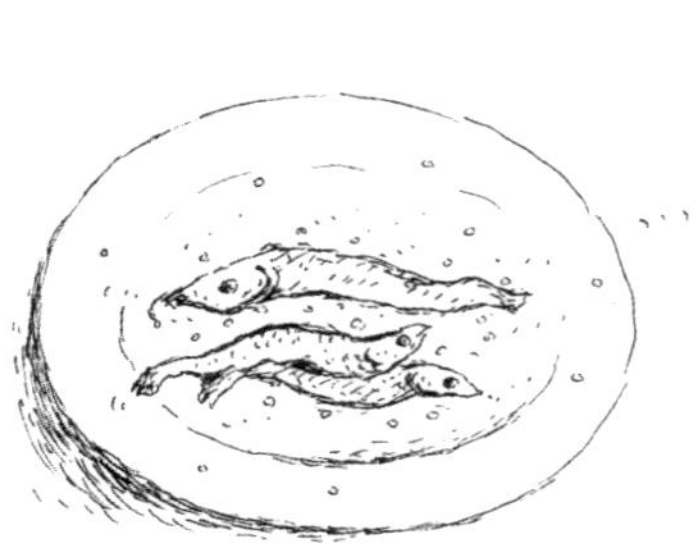

【豆乳の味噌汁】

材料（4人分）豆乳100㎖・だし汁600㎖
合わせみそ24g・塩適量

作り方

①火にかけただし汁が煮立つ前に具材を入れる。
②具材が柔らかくなったら、合わせみそを
溶き入れ、豆乳を加えて火を止める。

園では、だし汁：豆乳が6：1の割合で
作っています。具材は油揚げ、小松菜など
ですが、お好みで。

【切り干し大根のゆかり和え】

材料　切り干し大根・ゆかり

作り方

①切り干し大根をお湯で戻す。

②しぼって水気を切ったところにゆかりをかけてお好みの味にする。

【マカロニきな粉】

材料　マカロニ・きな粉・砂糖・塩

作り方

①マカロニを茹で水で洗いねばりをとり、水気を切る。

②きな粉と砂糖と塩少々でお好みの味にしてから、水気を切ったマカロニと合わせる。

【春雨の炒めもの】

材料　春雨・お好みの野菜（にんじん、玉ねぎ、キャベツ、ピーマンなど）・塩・しょうゆ・だし汁

作り方

①春雨をお湯で戻し、水で洗う。

②お好みの野菜を炒め、塩、しょうゆ、だしで少し濃いめに味をつけ、春雨を加え、味を調える。

子育てエッセンス

私が、幼稚園で見ている子どもたちのことや、お母さんの気持ちを聞いたりするなかで、「大変だけど、こんな考え方をしたら気が楽になるよ」とか、「心の安らぎは実は自分が見つけるものね」と感じたことをまとめてみました。

何か気づいてもらえると嬉しいと思っています。

◆イライラする日が多くなったら上手に息抜きを

生まれたときは無条件に可愛く、愛おしく、この子を守ってあげたい……と思うものです。

それなのに。

1歳、2歳とだんだんと子どもに自我が芽生え、おやんちゃや、わがままが始まると、お母さんもイライラする日が多くなり、つい怒ってしまうこともありますね。そんなときはぜひ、振り返ってみてください。なぜ、イライラするのかを。

子どもが言うことを聞かないのが腹立たしい？

一人で育児を背負いこんでいる？

自分の時間が少しも取れない？

なんでも完璧にしようとしている？

睡眠時間が取れていない？

子どもの相手をするだけで、大人同士でおしゃべりをしていない？

などなど、一つではないイライラの原因があるはずです。その原因がわかったら、なんとか周りに協力してもらって、一つでも解決できるようにしてみても良いと思います。今は、行政が子育て支援活動を活発に推進していて、子ども館、図書館、幼稚園、保育園と、育児を一人で抱え込まず、気軽に相談したり支援するシステムが整っています。

ぜひそのような公の機関も利用して、子育てを楽しむ空間をたくさん作ってくださいね。

◆子どもが可愛いなと思ったら、一歩前進

お母さん方に、子どもたちが可愛いな〜と思うときはどんなときですか？と尋ねてみました。「何と言っても寝顔！」と答えてくださった方がと

ても多かったです。

昼間、我が子とのやりとりがうまくいかなくてイライラしたり、怒ってしまったりして、自己嫌悪に陥ることもありますね。そんなときはぜひ、安らかな寝顔を見ながらじっくりと我が子の観察をしてみてください。

「こんなところにホクロがあったんだ」

「この鼻はお父さん似かな」

「ぽっちゃりしたホッペ気持ちいいな〜」

といろいろ思い出して、愛おしさが増すことでしょう。そんな幸せなひときを毎日5分でも持てたら、お母さんも元気に次の日を迎えられますね。

◆子どもはユーモアが上手

園では、1時降園を設け、教師の質の向上のために研究会や職員会を行っています。その日の朝。

「ママ〜、今日はいちじこうえんだよ」と念押ししている子がいたので、「1時降園日だからお出かけされるのですか？」と尋ねると、「はい。子どもは1時公園という解釈をしていて、1時に公園に行かなければいけないと思っているんです。皆で遊ぶんですよ……」と答えてくれました。

◆ママ、見てみて！　子どもはママが大好き

園庭では四季折々の木の実やお花、果物の実が落ちていて、子どもたちはそれらのお宝探しに夢中です。

隣りが竹やぶのため、竹の子の皮や時には中身が入った竹の子採りもできるのです。そして毎日のように、お宝をお母さんに手渡す姿が……。

「ママ〜、はい、プレゼント！」と、しなっとなった花びら。

「ママ〜、おみやげ〜」と、本人しか見えないキラキラ光る？石。

「ママ〜、良い匂いがするよ。ジュース作って〜」と、小さな梅の実3つ。

「ママ〜、すごく可愛いよ〜」と、びっくりするくらい、たくさんのダンゴムシ。

◆畑でのおはなし

5月頃、農園では、きぬさやえんどうがたくさん収穫できます。背丈が伸びた、きぬさやえんどう。

先生から「プクプク太っちょのお豆を採ってね」と声がかかると、

「お相撲さんみたいだ」

「これはお父さんで、こっちはお母さんだね」

「ちっちゃな赤ちゃんもいるよ」

と、目を輝かせながら、プチプチとちぎってくれます。

その日の昼ご飯には、ちょうど前日に収穫した、きぬさやえんどうが入っていました。すると、子どもたち。

「あっ、さっき採ったお父さんのきぬさやだ。これ僕が採ったんだよ」

「この小さいのは、私が採った赤ちゃん」

と、話が弾み、緑の野菜が苦手だった年少児もぱくっと食べていました。

◆成長していくことは、とてもいいこと

「ママ〜、ママ〜、大好きだよ。大きくなったらボクと結婚してくれる!?」

「ママも大好きだよ。ボクと結婚したいな〜」

こんな会話をしていた親子。

小学校2年生の頃。「今も、熱いスキンシップしていますか？」と尋ねると「まだまだ幼くて。ギューーッとくっついてきます。でも、結婚の話はさっぱり出ません……」とお母さん。

「ボクもちょっと周りが見えてきて、成長したのですね」と、お答えしま

したが、ちょっぴり淋しげな様子でした。

◆赤ちゃんは何時間寝るのが理想？

乳幼児期の睡眠は体だけでなくこころや脳も育てます。具体的には記憶力、集中力、適応力などです。このような力は生涯にわたって必要な力ですね。その力が睡眠環境を整えるだけで手に入れられるのでしたら、何々能力開発などというものにお金をかける必要もありません。

では、赤ちゃんや幼児は何時間寝るのが理想なのでしょうか。乳幼児は10時間から14時間寝るのが良いと言われています。適切な睡眠を取れていない幼児は認知能力に遅れが見られるとのデータもあります。

しっかりと寝る時間を確保してあげることがとっても大切。睡眠の環境を整えること、これは私たち親がすべき大事な仕事の一つですね。

◆子どもからスマホを遠ざけて

スマホを触らないだけで子どものコミュニケーション力が高くなる！人によってはちょっと耳の痛い話を。

子どものそばでスマホなどの機械は触らないことが大切です。というのも、赤ちゃん、幼児は模倣で育ちます。例えば言葉を覚えるとき、子どもは大人がしゃべっているのを模倣して覚えようとします。一方スマホなどの機械は幼い子どもにとっては、模倣する要素が全くありません。

人が言葉を発するとき、何かを伝達しようとする思いや感情が伴い、それが表情にも出てきます。そのすべてを子どもたちは吸収して言葉の意味を習得していきます。しかし、スマホの機能を使う大人のしぐさは真似できても、機能の意味することを習得することはできません。子どもは生身の人がする行為を真似していくのです。

また、スマホで何かをしている大人はそこに集中してしまい、子どもとコミュニケーションをする余裕がありません。ですから子どもは寂しい思いをすることでしょう。子どもに愛を伝えるのに、スマホは必要ありません。子どもにコミュニケーション能力をつけたいなら、子どもの顔を見ながらやり取りをたくさんすることです。さあ今から始めましょう！　子どもからスマホを遠ざけ、電源を切るか、マナーモードにすることを。

◆幼児期のトラブルは人との関わり方を学ぶ

子どもに悲しい思いをさせたくない。これは親の切実な想いです。お友達にいじわるされた、思うような遊びができなかった、お手伝いしたかったのにできなかった、などなど。お母さんは、そのとき、子どもと同じように悲しい気持ちになりますね。

昼ご飯で苦手なものが出た、◯◯したいという気持ちがうまく消化できなかったり、お友達とのトラブルが解決しなかったりということは日常茶飯事です。

そのようなことが積み重なると、幼稚園や保育園を嫌がるようにもなります。

園では保護者との連携を密にして、家庭での様子も伺いながら、子どもの内面に寄り添うようにしていますが、実はそれを解決してあげるという具体的な行動よりも、気持ちを理解して、教師のそばでお手伝いしてもらったり、おひざでゆっくりしたりするだけで、モヤモヤした気持ちがすーっと消えていく場合が多いのです。

そして気持ちがすっきりしたら、またお友達のところに戻れたり、次の機会には、自分は何が嫌なのか、話して解決できるようにもなっていきます。ですから、悲しい思いも、大切な経験の場でもあるのです。

幼児期のこうしたトラブルは、陰湿ないじめのようなことはないので、むしろどんどん経験してもらいたいと思います。経験してこそ人の痛みもわかる子になりますし、解決する方法も身につけるのです。成長していく段階で苦労や困難は付きものですが、嬉しいことも嫌なこともたくさん経験し、乗り越えていく力を身につけたいですね。

しかし、それには常に、頼れる、見守ってくれる大人の存在が絶対に必要です。

◆3歳からでは遅すぎる？

0歳からの天才教育、3歳からでは遅すぎる、などのキャッチコピーに焦る若いお母さんはきっと多いことでしょう。現代は情報がありすぎて、何が本当に正しいことなのか分からなくなっています。ただ、私が25年以上保育現場に携わってきて断言できるのは、「○歳からでは遅すぎる」という教育は一つもないということです。むしろ、早く早くといった教育は、害にすらなることがあります。

何度もこの本に出てくるのですが、生まれてから7歳までは特に愛のあるあたたかい環境と、模倣ができる大人の存在、そしてリズムある生活が大切です。子どもは、どんどん遊び込んでいく空間や時間があれば、自然に備わった探究心を発揮して、そのなかで自ら学び育っていきます。

このシンプルなことを若いお母さんにぜひお伝えしたいのです。シンプルだけど実は今の時代、とても難しいことなのかもしれません。ですから、どうぞ上手にコミュニティの場も利用して、このシンプルなことを実践してもらいたいものです。

第3章

対談　これからの時代、認定こども園が担っていくもの

加納美智子
寺本　純子

平成27（2015）年に、0歳（10か月）から、3歳児まで保育が必要なお子さん対象の保育園「だいち保育園」を始めました。

認定こども園は「就学前の子どもに幼児教育・保育を提供する機能」と「地域における子育て支援を行う機能」を備え、教育・保育を行う施設です。そこには、幼稚園と保育園の良さをあわせ持つことで、お母さんの多様なニーズに応えていく場と人づくり、地域ぐるみで子育てをしましょうという背景もあると思います。

0歳から7歳までは、成長の根っこが作られる貴重な時期です。特に乳児期は人間らしい感性、意志をゆっくり、ていねいに育てていくことが大事です。子どもの育ちに必要な環境をどう創っていくのか、これからの課題です。

私たちにとっての新しい取り組み、0歳から通える保育園のありかたについて、副園長・寺本純子（長女）と語り合いました。（加納 美智子）

0歳から通える保育園に必要なこと

寺本　「だいち保育園」を始めたことで、0歳から3歳のお子さんをお持ちのお母さんの保育サポートということでは、幼稚園運営だけの頃と比べて、機能が充実してきたと思います。その分、機能だけに魅せられてお子さんを預けに来る方が増えてきました。シュタイナー教育を導入している幼稚園・保育園であること、かかみがはら幼稚園で大切にしていること（教育方針）を入園する前に理解して入っていただく努力が必要になってきました。

加納　幼児期は愛情いっぱいのあたたかい雰囲気のなかで遊びを通して意思を育てること、知的教育は行わないことを知って、選んでいただきたいですね。子どもの周りの大人はすべて教師であり、子どもの模倣の対象であるという理念を大切にしていますので、「働いているから、預かってほしい」というだけで、乳幼児のお子さんをお預かりするのはむずかしいと思うのです。

寺本　もともと、認定こども園に移行した理由は、上の子が、かかみがはら幼稚園に通い、下の子を他の保育園に預けて仕事をしているお母さんから、「かかみがはら幼稚園の環境で、子どもも私も成長していきたい。上の子、下の子、別々なので、子育てに戸惑うことがあります」と言われたことです。そのようなこともあって、０歳から通えるだいち保育園を作ることにしました。

加納　親が仕事をしていて、育児をサポートしてくれる人が家庭内にいなければ、乳幼児ですから預けなくてはならないですね。核家族が増えていますし、祖父母と同居していても祖父母も働いていたり。みんながそれぞれに忙しく過ごしています。子育てが難しい時代になったからこそ、保育園・幼稚園の役割がとても大切になってきました。
乳幼児期は愛情を感じて育つ時期です。本当は、母親の手の中で育てることが自然で、良いのです。私たちも、お母さんと同じように愛情を注ぎますが、いちばん安心できる人はお母さん。子どもにとって、お母さんの愛がいっぱいあることが必要なのです。園に子どもを預けるときは、そのことをしっかり理解していただきたいと思うのです。

お母さんへの大事なお願い
どんなに忙しくても、家ではゆったりと

加納　お母さんにお願いしたいことが3つあります。

仕事から帰ったら、まず、すぐに、子どもと一緒に過ごすこと。

抱っこすること。

肌と肌を合わせること。

愛を感じていれば、子どもの心は安定して穏やかです。赤ちゃんだからまだわからないでしょうと思ったらそんなことはありません。赤ちゃんのほうが敏感に感じ取る力を持っているのですから。スマートフォンを片手に画面を見ながら、母乳を与えているお母さんがいると聞いて、びっくりしました。機械を見るのではなく、赤ちゃんの表情を見て、語りかけながら授乳してほしいです。

「下の子が生まれておっぱいを飲ませないといけない。上の子は赤ちゃん返りをして甘えてきたり、下の子にやきもちを焼いて叩きにいったりする。どうしたらいいでしょう」とお母さんが悩んでいました。

「まあまあ、困ったわね。あなたには２つの手があり２つのひざがあるでしょう。2人ともひざに乗せて、抱っこしてあげましょう」と話したら、お母さんの顔がぱっと明るくなりました。ちょっとした気づきがあれば、お母さんは安心しますね。

私も働きながら2人の子どもを育てました。働くママの先輩として、子育てで一番大事なことは、「愛情」「睡眠」「食事」。この3つです。基本的なことだからこそ、かかみがはら幼稚園では、お母さんたちにしっかりと伝えていきたいと思っています。

0歳から7歳までの子どものふれあい

寺本　同じ園の中で小さい子から大きい子まで一緒に過ごしています。トイレのときに、上の子が小さい子の様子を見守っていたり、お世話をしたりする光景が日常的になってきました。園での預かり時間が長いと、0歳から5歳までの子どもが、夕方6時まで一緒に過ごしています。赤ちゃんと一緒に過ごす時間があることは、子どもの成長の糧になっていくと思っています。

保育園も幼稚園も、ゆったり愛情を持って育てていくことは、同じです。今の課題は、様々な考えを持っている方が増えてきているということ。お母さんとの日々の向き合い方のなかで、少しでも、シュタイナー教育のエッセンスを取り入れて、子どもの成長に役立てていただけたらと思います。

目の前にいる子どもを見つめましょう

寺本　「かかみがはら幼稚園には、発達障がいのお子さんはいないのですか」と、保育士さんの勉強会や、小学校教員との連絡会などで聞かれることがあります。

加納　うちの園では一人ひとりが自分のリズムで過ごしているので、もし発達の遅れや仮題があったとしても、目立ったり、際立って困ることはないですね。たて割保育のなかで、他の子と比較をしないので、ゆったりとその子なりに成長していきます。

「うちの子どもは、とても落ち着きがなく、いつも走り回っているような状態です。大丈夫かしら」と心配されるお母さんもいます。「大丈夫ですよ。目の前にいるあなたの子どもをよく見て、その子の優れた部分を伸ばしてあげましょう」とお話をします。マイペースな子、カッとなりがちな子、いろいろな気質の子がいます。それを咎めずに、愛情深く見守る大人がいることが、幼児期にはとても大事なのです。

寺本　もし感情の整理がしづらく、すぐに手が出てしまうお子さんでしたら、代わりに親が謝って、「カッとしやすい性格で痛い思いをさせてしまってごめんなさいね」とひと言声かけができると相手とも関係が上手くいくでしょう。また悩みを専門家に話して、アドバイスを貰うことも大切ですね。育てにくい子を受けいれるのは、心身ともに大変なので、周りに助けて貰ったりしながら、親子で楽な気持ちにもなることも必要だと思います。

加納　アドバイスを得ることは、良いことですね。人間の発達を知ることで、自分以外の人を受け入れられるようになっていくでしょう。自ずと、お互いの関係がこじれずに受け入られることも学んでいけると思います。

幼稚園は小学校に上がるための準備教育?

寺本　幼稚園ではふつうに過ごしていても、小学校に上がって、年齢的にも感情が発達してくると、お友達とのトラブルが絶えなかったりということも起きてきます。

個性は個性ですごく良いところがあるのですが、目立つ欠点に焦点が当たってしまうという状況にお母さんがなってしまう、もしくは学校がなってしまいがちです。

文字や計算を教えることより、7歳までは人としての根っこを育てるために丁寧にゆっくり過ごすことを大事にしている幼稚園ですので、卒園児が環境の変化に戸惑いを感じるかもしれません。そんなときは、小学校の先生方にも、保護者の相談に乗っていただきたいです、とお願いしています。

「園では安心して過ごせるけれども、小学校に行ったら全く別の世界になるので、子どもの様子を一つひとつ見て、心配なことがあればちゃんと小学校の先生と相談してください。私たちのところにも相談に来てくださいね」とお母さんたちにはお話をしています。

加納　私も、うちの卒園生は、一学期はゆっくりと進めてもらえないでしょうかと、小学校の先生にお話をします。私は「幼稚園ってなんだろう」という、疑問を持ってこの仕事を始めたのですが、幼稚園は小学校に上がるための準備教育ではないと思っています。人の成長に必要な栄養をいっぱい吸い込んでいく時期です。読み書き、計算をできるようになるよりも、いっぱい遊んで、自然にふれあい、自然から学び、内面の豊かさを広げていくことが必要な時期ですからと、私は小学校の校長先生にもお話をしに行きます。

寺本　在園児の家庭訪問はもちろんですが、卒園児の家庭訪問もできる範囲でしています。子どもたちがどのような小学校生活を送っているのかを知ることで、今後の保育にフィードバックしていくことと、なによりも、子どもたちの元気な姿を見ることをとても楽しみにしています。小学校の先生との交流会、意思疎通をはかるための幼小連絡会議にも出かけて、つながりを持つようにしているのですね。赤ちゃんの頃から、親子と接している私たちは、要所要所での橋渡し役だと思っています。

加納　卒園後も、お母さんたちが園に遊びにきて、今こんなことをしています、子どもはスポーツに励んでいますなど、話をしてくれますね。つながりができていると思います。

いつでも、誰にでもひらかれる「もうひとつの家庭」でいたい
0歳から20歳までのサポート

寺本　かかみがはら幼稚園を巣立っていく子どものお母さんたちが「卒園して離れていくのは、さびしい」と。新しい場所でのスタートに、期待も不安もあることと思い、仲間が集えるように、平成24（２０１２）年に卒

園児のための「ミントの会」を立ち上げました。２年に一度の同窓会、卒園から14年後の成人の日に集う「タイムカプセルの日」。ここには成長していく子どもたち、母親たちとつながっていく絆があります。

私の個人的な夢なのですが、あたたかい考え方をされる方が幼稚園に集まってきてくれているので、それをもとに、ゆるやかなコミュニティを作ってみたいのです。

小さな園だからこそ、20歳までのサポートができる。各務原の小さい園から、お母さんたちとあたたかく手を取りあって、子どもたちに良い環境を作っていきたいと思うのです。

あとがきにかえて

加納 美智子

私が育った時代（おおよそ昭和30年頃まで）は、大家族があたりまえで、おじいさん、おばあさん、おじさん、おばさんが一つ屋根の下で暮らしていました。炊飯器や洗濯機がないので、母親は家事に追われて、子どもたちは外で遊びまわる、それを地域の大人たちが見守っていました。育児・子育ての悩みも今と同じようにあったと思いますが、身近にいる子育て経験者が知恵を授けてくれたり、息抜きの仕方を教えてくれたりしたものです。

私が子育てをしていた昭和30年代から40年代は、核家族になり始めたころ。父親は外で働き、母親は家で、一人で子育てをすることが多く、誰にも頼れず悩みや不安をかかえ、上手に解消できないことが増えてきていたように思います。私も同じでした。そのときに、「子どもが育つよい環境はなんだろう?」という問いかけが始まったのですね。

近年は、仕事を持つお母さんが増え、核家族化の時代です。公園に出かけても同じ年代の子どもがいなかったり、いろいろな世代の人と関わる機会が少なくなっています。それでは、お母さんが苦しいだけでなく、子どものコミュニケーション形成にも影響を与えてしまいます。私は、もう一度、子どもたちを囲む地域の人たちが、そして保育園・幼稚園が子どもたちを育てていく役割を担えるのではないかと、強く思うようになりました。

0歳から通えるだいいち保育園は、幼稚園の中にある小さな保育園です。シュタイナー教育の愛のあるあたたかい環境のなかで、子どもたち・お母さんたちの「第二の家庭」のように過ごしていただきたいと思っています。私は、いろいろな経験者がそばにいて知恵をもらうのは大切なことだと思っています。

かかみがはら幼稚園、だいち保育園を「大きな家族」として、お父さん、おじいちゃん、おばあちゃんもまきこんで子育てをしていく場になることが理想です。保育園・幼稚園は小学校教育の準備の学び舎ではなく、人の成長にとって必要な愛情、信頼、正しい行いを学びあえる「第二の家庭」でありたい。それは、私の最初の問いかけの「幼稚園ってなんだろう」という、ひとつの答えのかたちです。

私たちは、成長のひとつの節目である20歳まで、子どもとお母さんを見守ることを決めました。園で0歳から関わってきた子どもさんやお母さんだけでなく、何か悩んだり、困ったりしていたら、ここに遊びにいらしてください。いろいろな考え方があるなかで、こういう関わり方もいいなと、私たちと出会っていただけたら嬉しいのです。

いつでも変わらず、ここにいます。そして、ここから良いものを発信していきたいのです。私は空に向かって、すこやかに幹や葉を伸ばして、花をつけていく大樹の根になりたいと思っています。

岐阜の小さな幼稚園から

春の園庭。自然に囲まれて四季を体で感じながら過ごします。

敷地内にある山の斜面を利用した遊び場で、想像力を育てます。

地元岐阜産の木を使った園舎。
あたたかなぬくもりに包まれて、心穏やかに。

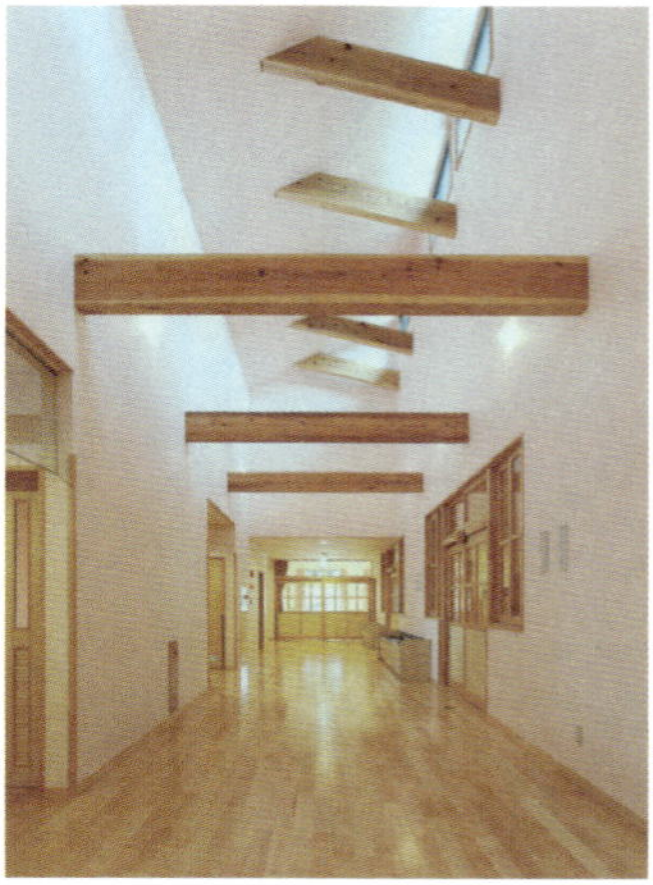

日差しが入る高い天井の廊下。
ゆったりとした空間で時間もゆっくり流れます。

「季節のテーブル」。季節ごとに布の色が変わります。夏はサンサンと輝く太陽をイメージした黄色です。室内でも季節を感じていきます。

園内はピンクの色をたくさん取り入れています。
安心してこの小さな空間で想像の世界を広げて遊びます。

保護者の皆さんが
草木染めした毛糸。

年長さんが織り機で
織った布で、先生が
ポシェットを作ります。

手作りの人形で、子
どもたちはメルヘン
の世界の主人公に
なって遊びます。

こどもの日のお祝い会で、作ったかぶとをかぶりました。

花まつり。色とりどりのお花に囲まれ、
お釈迦様のお誕生日をお祝いします。

劇遊び。桃太郎に扮して楽しそう演じる子どもたち。

クリスマス会で、ヨセフさまやマリアさまになって。

子どもたちが毎日食べるお昼ご飯は、
自分たちで作った無農薬の野菜を取り入れるなど、
安全で体に良い食材を大切にしています。

園内にある「こびとの農園」では
一年を通じて種まきから収穫まで体験します。

種から育てた
野菜に大喜び。

自分たちで作ったイチゴの味は、格別です。

園には、季節の野菜が実り、様々な花が咲いています。

かかみがはら幼稚園とだいち保育園がだいじにしていること

教育方針

愛のあるあたたかい雰囲気の中で遊びを通して意志を育てます。そして大人になり、社会に出た時に自信をもって困難を乗り越え周りに感謝をしながら生き生きと道を切り拓いていく〝人〟に成長して欲しいと願っています。

1. 子どもの心が安定し、楽しく遊べる環境を作り子どもの生活リズムを大切にしています。
1. 子どもの模倣を通して学ぶということを大切にし、周りにいる大人がよい手本を示していきます。
1. 幼児期の身体の形成の妨げになるので、知的教育は行っていません。
1. 子どものありのままの姿を受け止め、保護者の皆様と一緒に考えながら歩んでいきます。

プロフィール

加納美智子　かのう・みちこ

1941年岐阜県生まれ。岐阜女子大学家政学部卒業。岐阜大学教育学部聴講生、心理学研究室研修生として計6年間学ぶ。幼稚園勤務から、若草幼稚園園長、学校法人総純寺学園理事長などを歴任。現在、学校法人長屋学園理事長、認定こども園だいち園長。その他、岐阜女子大学の評議員を務めるなど、幼児教育に50年余り携わる。著書に『今日からできる7歳までのシュタイナー教育』（学陽書房）などがある。

寺本純子　てらもと・じゅんこ

1968年岐阜県生まれ。国立音楽大学卒業後、母・加納美智子が園長を務めるわかくさ幼稚園に勤務。その後、かかみがはら幼稚園に移り、現在は認定こども園だいち副園長として、加納美智子園長が築き上げたものを継承しながら、新しい時代の子育てを模索する。

学校法人長屋学園　認定こども園だいち

かかみがはら幼稚園
だいち保育園

〒509-0106　岐阜県各務原市各務西町5-189
電話 058-370-4311 FAX 058-370-7658
ホームページ：http://kakamigahara.ed.jp/

イラスト：としくらえみ
写　　真：澤井志郎
協　　力：認定こども園 だいち かかみがはら幼稚園・だいち保育園の教職員、
卒園児、在園児、保護者の皆さん
編集協力：みついひろみ

ママの笑顔で子どもは元気
2018年8月1日　初版第1刷発行

著者　加納美智子　寺本純子
制作　ことこと舎
発売　ぶんしん出版
181-0012 東京都三鷹市上連雀 1-12-17
電話　0422-60-2211　FAX 0422-60-2200
印刷・製本　株式会社 文伸

ISBN 978-4-89390-141-5　